Bibliografische Information der Deutschen Nationalbibliothek:

Die Deutsche Bibliothek verzeichnet diese Publikation in der Deutschen National-
bibliografie; detaillierte bibliografische Daten sind im Internet über http://dnb.d-
nb.de/ abrufbar.

Impressum:

Copyright © 2016 GRIN Verlag, Open Publishing GmbH
Druck und Bindung: Books on Demand GmbH, Norderstedt Germany
ISBN: 978-3-668-18229-5

Dieses Buch bei GRIN:

http://www.grin.com/de/e-book/317768/qualitaetsmerkmale-guten-praesentierens-
konzipierung-eines-beratungsprojektes

Marco Antonic

Qualitätsmerkmale guten Präsentierens. Konzipierung eines Beratungsprojektes "Train the Trainer"

GRIN Verlag

GRIN - Your knowledge has value

Der GRIN Verlag publiziert seit 1998 wissenschaftliche Arbeiten von Studenten, Hochschullehrern und anderen Akademikern als eBook und gedrucktes Buch. Die Verlagswebsite www.grin.com ist die ideale Plattform zur Veröffentlichung von Hausarbeiten, Abschlussarbeiten, wissenschaftlichen Aufsätzen, Dissertationen und Fachbüchern.

Besuchen Sie uns im Internet:

http://www.grin.com/

http://www.facebook.com/grincom

http://www.twitter.com/grin_com

Marco Antonic

Assignment im Modul Schlüsselqualifikationen für Studium und Beruf

Titel: Konzipierung eines Beratungsprojektes „Train the Trainer".
Qualitätsmerkmale guten Präsentierens.

Dortmund, 28.01.2016

Inhaltsverzeichnis

1. Einleitung..3

2. Grundlagen: Die Präsentation. Begriff, Bedeutung und Ziele............................4

3. Vorbereitung einer Präsentation...5

   3.1 Charakterisierung des Zielpublikums..5

   3.2 Bestimmung von Ziel und Inhalt...6

   3.3 Ort, Raum und Zeit...6

   3.4 Teilnehmerunterlagen und persönliches Manuskript......................................8

4. Aufbau der Präsentation und persönlicher Auftritt...9

   4.1. Einleitung..9

      4.1.1 Begrüßung und namentliche Vorstellung...9

      4.1.2 Nennung von Thema und Ziel..9

      4.1.3 Vorstellung der Hauptgliederungspunkte und des Ablaufs der Präsentation.....9

   4.2 Hauptteil...10

   4.3 Schlussteil..10

   4.4 Empfehlungen für den Auftritt..11

5. Medieneinsatz...12

   5.1 Ziel und Wirkung von Visualisierungen..12

   5.2 Medien zur Visualisierung..12

   5.3 Allgemeine Empfehlungen für die Gestaltung von Visualisierungen.............13

6. Schlussbetrachtung...14

7. Literaturverzeichnis..16

1. Einleitung

Präsentationen spielen im heutigen Wirtschaftsleben eine wichtige Rolle als Verkaufsinstrument. Auch können Präsentationen Unternehmen dabei helfen, sich als Anbieter von Produkten oder Dienstleistungen bei anderen Unternehmen vorzustellen, mit dem Ziel, längerfristige Geschäftsbeziehungen aufzubauen. Weiterhin können sie ausgewählten Teilnehmern Informationen liefern, die als Grundlage für wichtige Entscheidungen in Unternehmen dienen können. Trotz dieser Chancen, die Präsentationen bieten, werden in der Praxis vielfältige Fehler begangen. So zum Beispiel werden oftmals keine eindeutigen Ziele formuliert. Zudem bleibt für viele Teilnehmer häufig unklar, was eine Präsentation mit ihnen als Zuhörer genau zu tun hat. Weiterhin wird oft versäumt, über eine richtige Körpersprache und Selbstdarstellung das Publikum für sich zu gewinnen und so empfänglicher für die eigenen Argumente zu machen. Es werden auch Regeln bei der Gestaltung von Visualisierungen missachtet sowie Fehler bei der organisatorischen Planung begangen.

Das Ziel dieser Arbeit besteht darin, ein Beratungsprojekt zu konzipieren, mit dessen Hilfe Personen oder Mitarbeiter eines Unternehmens bei anstehenden Präsentationen unterstützt werden können, um die Qualität ihrer Darbietung zu erhöhen. Sie sollen erfahren, wie Produkte, Informationen oder Ideen wirkungsvoll präsentiert werden können, um die Präsentationsziele optimal zu erreichen. Es soll verdeutlicht werden, dass die Abstimmung der Präsentation auf die Bedürfnisse, Anliegen oder auch Probleme der Teilnehmer von entscheidender Bedeutung ist. Darüber hinaus soll erkennbar werden, dass für das Gelingen einer Präsentation neben der Einhaltung formaler Prinzipien beim Aufbau und einer gelungenen Selbstdarstellung auch organisatorische Aspekte zu beachten sind. Außerdem wird auf die Möglichkeit hingewiesen, mithilfe eines gekonnten Einsatzes von Medien die Ziele einer Präsentation noch besser zu erreichen und die Behaltensquote von Inhalten zu fördern.

Die Analyse nähert sich dieser Ausgangshypothese zunächst über den Begriff der Präsentation. Danach wird auf die Notwendigkeit einer guten inhaltlichen und organisatorischen Vorbereitung hingewiesen, wobei bezüglich der Bestimmung von Ziel und Inhalt die Abstimmung mit den Teilnehmern einer Präsentation eine große Rolle spielt. Bei der folgenden Erläuterung des Aufbaus geht es um die Frage, in welcher Reihenfolge Informationen präsentiert und wie Argumentationsketten aufgebaut werden sollten. Zusätzlich werden einige Regeln für einen möglichst wirkungsvollen Auftritt genannt. Im letzten Kapitel werden Merkmale und Einsatzgebiete einiger wichtiger Medien beschrieben, sowie Regeln für die Erstellung von Visualisierungen aufgestellt.

2. Grundlagen: Die Präsentation. Begriff, Bedeutung und Ziele

Ausschlaggebend für die Entstehung von Präsentationen war die Erfindung des Overhead-Projektors zur Zeit des zweiten Weltkriegs. Das amerikanische Militär erkannte als erstes das Potential dieser mediengestützten Kommunikationsform und verwendete den Projektor vor allem in Besprechungen. Der Präsentator benutzte beschriebene Folien, um dem Publikum etwas zu zeigen und konnte sich dabei im Unterschied zu einer Wandtafel direkt dem Publikum zuwenden. Die Präsentation mittels Overhead-Projektor und Folien war die Vorstufe zur heute häufig anzutreffenden Präsentationsform mittels Beamer und Präsentationsprogramm auf einem Laptop.[1]

Das Hauptziel einer Präsentation ist es, einer konkreten Zielgruppe ausgewählte Inhalte - Sachaussagen oder Produkte - vorzustellen, um sie zu informieren, zu überzeugen oder zu einer Tat zu motivieren.[2] So zum Beispiel können Kunden vom Nutzen eines Angebots überzeugt oder die Geschäftsleitung eines Unternehmens über die neuesten Umsatzzahlen informiert werden.[3]
Eine Präsentation kann von einer oder mehreren Personen durchgeführt werden. Die Darstellung wird unterstützt durch bildhafte Mittel, wie zum Beispiel Overheadfolien, Power-Point-Charts oder Plakate auf einem Flipchart, um bestimmte Sachverhalte zu visualisieren und damit den Verständnisgrad zu erhöhen.[4]
Präsentationen können unterschiedliche Rollen übernehmen, je nachdem, ob sie in einem wissenschaftlichen oder wirtschaftlichen Kontext eingesetzt werden. In der Wissenschaft bestehen für Präsentationen genaue formale Vorgaben, durch die der Inhalt in den Vordergrund gerückt werden soll.[5] Im Bereich der Wirtschaft existieren weniger formale Vorgaben. Neben den Zielen Information, Überzeugung und Motivation geht es hier auch darum, ein gewünschtes unverwechselbares Unternehmens-Image nach außen zu transportieren, um die Attraktivität als Marktteilnehmer für Kunden oder Teilhaber am Unternehmen zu steigern.

---

1 Vgl. Lobin (2012), S. 9.
2 Vgl. Seifert (2011), S. 49.
3 Vgl. Hartmann (2012), S. 11.
4 Vgl. Hartmann (2012), S. 12.
5 Vgl. Lobin (2012), S. 11.

Diese Aktivierung emotio- naler Strategien ist ein Hauptunterschied gegenüber wissenschaftlichen Präsentationen.[6]

3. Vorbereitung einer Präsentation

3.1 Charakterisierung des Zielpublikums

Um mit einer Präsentation die gewünschte Wirkung beim Publikum zu erreichen und Ziele wie Information, Überzeugung oder Motivation tatsächlich zu realisieren, muss das Zielpublikum zunächst analysiert werden. Diese Analyse sollte noch vor der Formulierung der Präsentations- ziele erfolgen.[7] Anhand einiger Leitfragen wird die gezielte Vorbereitung bezüglich der Teilnehmer erleichtert. Zunächst sollte festgestellt werden, wer die eigenen Zuhörer sind und welches Vorwissen sie zu dem Präsentationsthema mitbringen. Dadurch können alle den Teilnehmern bereits bekannten Informationen aus der Präsentation herausgelassen werden. Weiterhin sollte geklärt werden, was die Teilnehmer von der Präsentation erwarten und welche Interessen sie haben.[8] Auf diese Weise erfährt man, welche Inhalte für die Teilnehmer wichtig sind und wählt nur diese aus. Damit er- höht sich die Relevanz bei steigender Kürze. Auch gilt es, im Vorfeld zu klären, mit welchen Problemen die Zuhörer möglicherweise aktuell in ihrem beruflichen Alltag in einem Unterneh- men konfrontiert sind. Die Kenntnis von den Problemen seiner Teilnehmer ermöglicht es, das eigene Thema als Lösung dieser Probleme zu präsentieren. Auch wird auf diese Weise ersicht- lich, an welcher Stelle der Überzeugungsprozess in einer Präsentation ansetzen muss.[9]

Um möglichst viele Informationen über das Publikum einzuholen, existieren verschiedene Mög- lichkeiten der Recherche, wie zum Beispiel Gespräche oder Telefonate mit ausgewählten zukünf- tigen Teilnehmern.[10] Auch das Internet sowie die Pressestelle des Unternehmens, bei dem man vielleicht eine Präsentation durchführen möchte, bieten sich als Recherchemöglichkeiten an.[11]

---

6   Vgl. Lobin (2012), S. 12.
7   Vgl. Hartmann (2012), S. 21.
8   Vgl. Hartmann (2012), S. 21.
9   Vgl. Herrman-Ruess (2009), S. 38.
10   Vgl. Herrman-Ruess (2009), S. 41.
11   Vgl. Hartmann (2012), S. 22.

3.2 Bestimmung von Ziel und Inhalt

Um entscheiden zu können, was Inhalt der Präsentation werden soll, muss zunächst das Ziel ausformuliert werden. Hierbei stellt sich die Frage, was genau die Zuhörer tun sollen, wenn sie die Präsentation wieder verlassen und welche Veränderung im Denken oder Handeln der Teilnehmer man erreichen möchte.[12] Die Zielformulierung muss einen Bezug zu den ermittelten Interessen und Anliegen der Zuhörer herstellen.[13]

Grundsätzlich unterscheidet man bei einer Präsentation die drei Hauptziele Information, Überzeugung oder Motivation. Die Ziele sollten konkret aufgeschrieben werden, denn nur so ist es möglich, bei der Auswahl der Inhalte immer wieder zu überprüfen, ob man genau die Inhalte ausformuliert, die der Zielerreichung dienen.[14]

Ausgehend von der Zielgruppe und dem Ziel besteht der nächste Schritt darin, geeignete Inhalte auszuwählen, mit denen die Ziele und das Publikum erreicht werden können. Die Inhaltsbearbeitung lässt sich in die drei Schritte Sammeln, Auswählen und Aufbereiten untergliedern.[15] Beim Sammeln der Informationen werden alle Inhalte berücksichtigt, die im weitesten Sinne zum Thema der Präsentation gehören. Das Hauptkriterium für die Auswahl der Inhalte bildet das zuvor formulierte Ziel. Inhalte, die nicht zur Zielerreichung beitragen, werden nicht berücksichtigt. Die Auswahl der Inhalte orientiert sich auch am Zielpublikum. Aus der Zielgruppenanalyse ist dem Präsentator bereits bekannt, welche Vorkenntnisse die Teilnehmer besitzen und welche Interessen sie haben. Dies erleichtert es, für die Zielgruppe neue und relevante Inhalte zu bestimmen. Bei der Auswahl der Inhalte sollte auch auf die für die Präsentation zur Verfügung stehende Zeit geachtet werden.[16] Wenig Präsentationszeit zwingt zur Beschränkung auf die wesentlichen Inhalte. Im letzten Schritt werden die ausgewählten Inhalte und Argumente aufbereitet, wobei eine geeignete Reihenfolge für die Argumente bestimmt wird, damit ein optimales Verständnis oder eine wirksame Überzeugung erzielt wird.[17]

3.3 Ort, Raum und Zeit

Das Gelingen einer Präsentation hängt auch maßgeblich von organisatorischen Aspekten wie der Orts- und Raumwahl, sowie der Zeitplanung ab.

---

12 Vgl. Hartmann (2012), S. 31.
13 Vgl. Hartmann (2012), S. 29.
14 Vgl. Hartmann (2012), S. 26.
15 Vgl. Hartmann (2012), S. 32.
16 Vgl. Hartmann (2012), S. 34.
17 Vgl. Hartmann (2012), S. 36.

Kürzere Präsentationen im Rahmen von Projekten können meist im eigenen Betrieb gehalten werden. In Abhängigkeit vom Anlass, den Zielen, sowie den Teilnehmern kann es jedoch in manchen Fällen erforderlich sein, einen externen Austragungsort ausfindig zu machen.[18] Es sollte möglichst ein zentral gelegener Ort ausgewählt werden, um eine gute Erreichbarkeit für alle Teilnehmer sicherzustellen.[19]

Bei der Raumplanung muss geprüft werden, ob der Raum allen Anforderungen einer Präsentation genügt. Bei übermäßigen Nebengeräuschen, schlechter Beleuchtung beziehungsweise fehlenden Verdunkelungsmöglichkeiten sollte man versuchen, auf einen anderen Raum auszuweichen, da die Qualität der Präsentation maßgeblich davon abhängt.

Ein weiterer wichtiger Aspekt bei der Raumplanung ist die Bestuhlung. Es kommt eine Bestuhlung in U-Form oder eine Kinobestuhlung in Frage. Der Vorteil der U-Form besteht darin, dass sich die Seminarteilnehmer anschauen können. Dadurch wird eine aktive Teilnahme an der Präsentation gefördert. Wegen des großen Platzbedarfs lässt sie sich allerdings nur für kleinere Gruppen realisieren. Die Kinobestuhlung hingegen eignet sich für Präsentationen vor großen Gruppen aufgrund des geringeren Platzbedarfs. Als Nachteile können die schlechteren Sichtbedingungen sowie die Akustik auf den hinteren Sitzplätzen genannt werden.[20]

Bei der zeitlichen Planung einer Präsentation sollte zunächst der Zeitpunkt festgelegt werden. Termine, bei denen es wahrscheinlich ist, dass viele Teilnehmer nicht kommen werden, wie zum Beispiel regionale Feiertage, sollten ausgeschlossen werden. Auch sollten Präsentationen wegen des bei jedem Menschen vorhandenen Leistungstiefs nicht um die Mittagszeit stattfinden. Geeignete Zeitpunkte sind der Vormittag und frühe Nachmittag.[21] Die Zeitdauer sollte zwischen dreißig Minuten und höchstens drei Stunden betragen. Bei längeren Präsentationen sollten Pausen in ausreichender Länge eingeplant werden. Grundsätzlich ist es empfehlenswert, eine Pause von zehn Minuten nach jeder Stunde einzulegen, bei ganztägigen Veranstaltungen auch eine Mittagspause.[22]

Die Präsentationszeiten müssen genau eingehalten werden.[23] Alle zu präsentierenden Aspekte sollten daher mit einem bestimmten Zeitraum eingeplant werden. Es ist anzuraten, die Präsen-

---

18 Vgl. Sander (o.J.), S. 63.
19 Vgl. Seifert (2011), S. 66.
20 Vgl. Seifert (2011), S. 66.
21 Vgl. Sander (o.J.), S. 62.
22 Vgl. Sander (o.J.), S. 63.
23 Vgl. Hermenau (o.J.), S. 31.

tation vorher in Echtzeit zu proben, um zu ermitteln, ob der Zeitplan umsetzbar ist, oder ob Änderungen notwendig sind.[24]

3.4 Teilnehmerunterlagen und persönliches Manuskript

Für jeden Teilnehmer sollten schriftliche Unterlagen angefertigt werden. Die Teilnehmer haben so jederzeit die Möglichkeit, den Präsentationsinhalt zu wiederholen. Bei komplexen Sachverhalten ist es sinnvoll, die Unterlagen schon einige Tage vor der Präsentation auszuteilen, so dass sich die Teilnehmer in den Stoff einarbeiten können.[25] Bei einfacheren Themen sollten die Unterlagen jedoch erst nach der Präsentation verteilt werden. Sonst besteht die Gefahr, dass die Teilnehmer während der Präsentation zu sehr abgelenkt werden. Die Unterlagen können dabei als Nachbereitung dienen oder zur Klärung offener Fragen.[26]

Bei der Gestaltung ist zu beachten, dass die Inhalte übersichtlich gegliedert werden und in derselben Reihenfolge wie bei der Präsentation erscheinen. Zudem sollten die wesentlichen Punkte ausformuliert werden, denn die Unterlagen müssen auch nach längerer Zeit aus sich selbst heraus verständlich sein, so dass die Teilnehmer später die Kernaussagen nachvollziehen können.[27]

Für die Rede während der Präsentation ist als Hilfsmittel ein Stichwortmanuskript zu empfehlen, da man sich so im Bedarfsfall stets den roten Faden vor Augen führen und benötigte Informationen abrufen kann. Die Stichworte geben lediglich Hinweise, die man mit eigenen Worten umschreibt. Dies führt zu einer natürlicheren und lebendigeren Präsentation, da man das Publikum direkt anschauen kann.[28] Als Stichwortmanuskript eignen sich Karteikarten der Größe DIN A5, wenn der Präsentator mit dem Manuskript in der Hand auftreten möchte.[29] Auf den Karteikarten sollten die Hauptgliederungspunkte mit Überleitungen und Pausen in Stichworten vermerkt werden. Die Karteikarten werden nur einseitig beschriftet und können auch durchnummeriert werden.[30]

---

24 Vgl. Hermenau (o.J.), S. 32.
25 Vgl. Sander (o.J.), S. 59.
26 Vgl. Hartmann (2012), S. 113.
27 Vgl. Sander (o.J.), S. 58.
28 Vgl. Hartmann (2012), S. 108.
29 Vgl. Hartmann (2012), S. 108.
30 Vgl. Seifert (2011), S. 73.

4. Aufbau der Präsentation und persönlicher Auftritt

4.1 Einleitung

4.1.1 Begrüßung und namentliche Vorstellung

Am Beginn einer Präsentation steht die Begrüßung und namentliche Vorstellung. Hier gilt es, die hohe Anfangsaufmerksamkeit der Teilnehmer zu nutzen und ein positives Ausgangsklima zu schaffen. Im Falle großer innerer Anspannung können einzelne Teile der Einleitung im Manuskript ausformuliert werden, um sie abzulesen.[31]

Zur Steigerung der Aufmerksamkeit auf die folgende Präsentation kann noch vor der Begrüßung ein „Opener"eingefügt werden. Dabei kann es sich um eine kurze Geschichte, ein Bild oder eine rhetorische Frage handeln, die den Kern der Präsentation auf positive Art karikiert. Den Zuhörern wird so auf humorvolle Weise der Einstieg erleichtert, so dass sie den folgenden Ausführungen gegenüber offener werden.[32]

4.1.2 Nennung von Thema und Ziel

Den Teilnehmern sollten in wenigen Sätzen Thema und Ziel der Präsentation genannt werden. Thema und Ziel dürfen nicht verwechselt werden. So zum Beispiel könnte ein Thema eine neue Werbekampagne eines Unternehmens sein. Ein mögliches Ziel wäre es, die Teilnehmer einer Präsentation dazu zu bewegen, für die Bewilligung eines höheren Werbebudgets zu stimmen.[33]

Mit dem zuvor formulierten Ziel wird ein Bezug zu den Teilnehmern hergestellt. Sie erfahren so, warum die Präsentation für sie aktuell ist und welchen Nutzen sie davon haben.[34] Das Publikum wird damit motiviert, der folgenden Präsentation zuzuhören.

4.1.3 Vorstellung der Hauptgliederungspunkte und des Ablaufs der Präsentation

Die Nennung der Hauptgliederungspunkte sowie des Ablaufs der Präsentation können ebenfalls in der Einleitung erfolgen. Es ist empfehlenswert, diesen Ablaufplan während der gesamten Veranstaltung für alle Teilnehmer immer einsehbar zu halten. Dazu kann er beispielsweise über ein Flipchart-Blatt visualisiert werden. Die Zuhörer erhalten so eine Struktur, um das Gehörte besser

---

31 Vgl. Hartmann (2012), S. 40.
32 Vgl. Hartmann (2012), S. 42.
33 Vgl. Seifert (2011), S. 51.
34 Vgl. Sander (o.J.), S. 26.

einordnen und verstehen zu können.[35] Darüber hinaus können in dem Ablaufplan auch die zeitliche Dauer der Veranstaltung und eventuelle Pausen genannt werden.[36]

4.2 Hauptteil

Für den Aufbau des Hauptteils ist zu unterscheiden, ob man informieren oder überzeugen möchte. Bei einer Informationspräsentation sollte die Anzahl der Gliederungspunkte auf maximal sieben beschränkt werden, um die Zuhörer nicht zu überfordern. Eine mögliche Grundstruktur ist die Darstellung in zeitlogischer Abfolge, bei der die Inhalte, zum Beispiel Informationen zur Geschichte einer Firma, dem Zeitverlauf folgen. Eine andere Möglichkeit besteht darin, ausgehend vom Einfachen, sich Schritt für Schritt den schwierigen Themen zu nähern. Eine weitere denkbare Struktur ist die „harte Nachricht", die auch von der Presse benutzt wird. Sie besteht aus den Schritten Überblick, Details, Hintergründe, unmittelbare Folge und weitere Entwicklung.[37]

Falls man das Präsentationspublikum überzeugen oder zu einer bestimmten Handlung motivieren möchte, muss ein Gefühl der Betroffenheit erzeugt werden, so dass für die Teilnehmer ein Handlungsdruck entsteht. Für eine Überzeugungspräsentation bietet sich beispielsweise die „Werbespot-Struktur" an.[38] Dabei wird zunächst das Problem geschildert, das zum Beispiel in einem Unternehmen aktuell besteht. Auch kann auf eine weitere Verschlechterung der Lage hingewiesen werden, falls nichts dagegen unternommen wird. Danach werden misslungene Lösungsversuche im eigenen Unternehmen angeführt, um Spannung aufzubauen. Im Anschluss wird eine eigene und wenn möglich neue Lösung des Problems vorgeschlagen und begründet, warum dieses Vorgehen Erfolg versprechend ist. Im letzten Schritt werden die positiven Auswirkungen auf das Unternehmen nach erfolgter Umsetzung der eigenen Ideen erläutert.

4.3 Der Schlussteil

Der Schlussteil enthält eine kurze inhaltliche Zusammenfassung, den Schlussappell, sowie die Überleitung zur Diskussionsrunde.[39]

Die Zusammenfassung ist „eine gezielte Zuspitzung auf einzelne, für die Zielerreichung zentra-

---

35 Vgl. Hartmann (2012), S. 47.
36 Vgl. Hartmann (2012), S. 48.
37 Vgl. Seifert (2011), S. 58.
38 Vgl. Seifert (2011), S. 62.
39 Vgl. Hartmann (2012), S. 58.

len Inhalte."[40] Dabei soll der gesamte Inhalt in wenigen Kerngedanken zusammengefasst werden, ohne neue Aspekte zu nennen. Ziel der Zusammenfassung ist, dass die wesentlichen Aspekte der Präsentation bei den Teilnehmern nachhaltig in Erinnerung bleiben.

Der Schlussappell greift die Ziele der Präsentation noch einmal auf und fordert die Teilnehmer zu einem bestimmten Handeln oder Denken auf.[41]

Nach der Präsentation kann sich eine Diskussionsrunde anschließen. Der Präsentator sollte sich darauf vorbereiten, mit welchen Argumenten oder Einwänden er rechnen muss und wie er ihnen begegnen kann.[42] Dazu kann zwischen Präsentation und Diskussion eine Pause eingelegt werden. Hier können in Gesprächen mit den Teilnehmern Hinweise auf mögliche Fragen oder Kritikpunkte gesammelt werden, um in der Diskussion selbstsicher aufzutreten.[43]

4.4 Empfehlungen für den Auftritt

Der Erfolg einer Präsentation hängt auch davon ab, ob es dem Präsentator gelingt, sein Publikum für sich zu gewinnen und eine Atmosphäre der Offenheit zu schaffen, in der die Teilnehmer empfänglicher sind für die Argumente des Präsentators.

Der stärkste Aspekt der eigenen Wirkung auf die Außenwelt ist die Körpersprache. Der Präsentator sollte es vermeiden, sich während der Präsentation nicht zu bewegen und sich zum Beispiel hinter dem Rednerpult zu verstecken.[44] Bei wichtigen Argumenten, zu Beginn und beim Schlussappell sollte hingegen eine stabile Standhaltung eingenommen werden, mit geradem Blick und Kopf. Um einzelne Argumente auch körpersprachlich zu betonen, ist eine ausgeprägte Gestik angebracht.[45]

Daneben spielt auch das richtige Sprechen eine wichtige Rolle. So sind Variationen in Lautstärke, Sprechtempo und Stimmlage angebracht, wenn Kernaussagen betont oder Aufmerksamkeit erzeugt werden soll.[46] Es sind kurze Sätze zu bevorzugen. Durch gezielte Sprechpausen kann Spannung erzeugt und die eigene Rede strukturiert werden.[47]

Sehr wichtig ist es auch, Blickkontakt zum Publikum zu halten, damit sich die Teilnehmer direkt

---

40 Hartmann (2012), S. 59.
41 Vgl. Hartmann (2012), S. 60.
42 Vgl. Seifert (2011), S. 64.
43 Vgl. Hartmann (2012), S. 61.
44 Vgl. Hermenau (o.J.), S. 14.
45 Vgl. Hartmann (2012), S. 133.
46 Vgl. Seifert (2011), S. 76.
47 Vgl. Hartmann (2012), S. 134.

angesprochen fühlen. Es sollte zunächst eine bestimmte Person aus dem Publikum ausgewählt und dann nach und nach der gesamte Teilnehmerkreis einbezogen werden.[48]

5. Medieneinsatz

5.1 Ziel und Wirkung von Visualisierungen

Bei einer Visualisierung werden Inhalte bildhaft dargestellt.[49] Bei den inhaltlichen Elementen kann es sich um Text, Diagramme, Bilder, Symbole oder freie Grafiken handeln. Mit Visualisierungen wird das Ziel verfolgt, Informationen leichter erfassbar zu machen, wichtige Kernaussagen zu verdeutlichen und möglichst lange im Gedächtnis zu verankern. Visualisierungen können die Behaltensquote von präsentierten Informationen fördern. Inhalte, die beide menschlichen Gehirnhälften aktivieren – gesprochene Worte werden in der linken, Bilder in der rechten Gehirnhälfte verarbeitet – bleiben länger in Erinnerung als Fakten, die nur mündlich vorgetragen werden.[50] Visualisierungen haben jedoch nur eine dienende Funktion und sollen das gesprochene Wort des Präsentators lediglich unterstützen, um die Präsentationsziele besser zu erreichen.[51]

5.2 Medien zur Visualisierung

Für die Erstellung einer Visualisierung benötigt man neben den inhaltlichen Elementen auch Medien, auf denen eine Visualisierung entsteht. In der Praxis häufig eingesetzte Medien sind Laptop und Beamer, Flipchart und Pinnwand.

Mit einem Beamer werden Darstellungen aus einem Laptop auf eine Projektionsfläche projiziert. Diese Darstellungen werden mit spezieller Präsentationssoftware, wie zum Beispiel Power Point, erstellt. Der besondere Vorteil einer computergestützten Präsentation besteht in der dynamischen Gestaltung von Visualisierungen.[52] So können zum Beispiel Sprach-, Musik- oder Filmsequenzen integriert und zusammen mit Standbildern abwechslungsreiche Präsentationen realisiert werden. Außerdem können Inhalte schnell erweitert werden, zum Beispiel die Aktualisierung von Zahlen in Grafiken. In Unternehmen werden heute die meisten Präsentationen mit Power Point erstellt

---

48 Vgl. Seifert (2011), S. 74.
49 Vgl. Seifert (2011), S. 11.
50 Vgl. Hartmann (2012), S. 66.
51 Vgl. Hartmann (2012), S. 65.
52 Vgl. Seifert (2011), S. 18.

und mit Laptop und Beamer präsentiert.[53]

Das Flipchart ist eine transportable Haltevorrichtung für spezielles Flipchartpapier, das mit Filzstiften beschriftet werden kann. Wichtige Kernaussagen oder Übersichten können auf dem Flipchart visualisiert und während der gesamten Präsentation für alle sichtbar gehalten werden. Flipcharts eignen sich auch dazu, Darstellungen oder komplexe Gedanken während einer Präsentation mit Symbolen und Stichworten situativ zu entwickeln oder auch Teilnehmerbeiträge oder -fragen mitzuschreiben.[54] Es wird meist vor kleineren Gruppen bis etwa zehn Personen eingesetzt.[55]

Die Pinnwand ist eine Weichfaserplatte, die mit speziellen Papierbögen bespannt wird. Diese Papierbögen können mit eigens dafür vorgesehenen Filzstiften beschrieben werden. Darüber hinaus können Karton-Karten in unterschiedlichen Formaten und Farben angepinnt werden.[56] Die besondere Stärke liegt im schrittweisen Entwickeln von Ideen, Strukturen oder Abläufen durch das Anheften vorbereiteter Kartonkarten vor den Augen der Teilnehmer. Zudem sind solche Pinnwand-Entwicklungen leicht zu verändern durch das Einfügen, Wegnehmen oder Verschieben beliebiger Karten. Sie ist für Präsentationen vor kleineren Gruppen bis fünfzehn Teilnehmern geeignet.[57]

5.3 Allgemeine Empfehlungen für die Gestaltung von Visualisierungen

Visualisierungen sollten mit einer Überschrift versehen werden, die den Aussagegehalt schlagwortartig zusammenfasst. Sie muss sich durch Schriftgröße, Hervorhebungen oder Farbe deutlich abheben und möglichst einzeilig formuliert sein, um die Kernaussage der Visualisierung mit einem Blick erfassen zu können. Sie wird meist links oder mittig oberhalb der Visualisierung platziert.[58]

Zudem sollte ein geeignetes Farbkonzept entwickelt werden. Durch einen gezielten Farbeinsatz können wichtige Informationen hervorgehoben, sowie Zusammenhänge verdeutlicht werden.[59] Farben müssen sparsam verwendet werden, da sie eine starke Signalwirkung besitzen und zu

---

53 Vgl. Hartmann (2012), S. 87.
54 Vgl. Hartmann (2012), S. 96.
55 Vgl. Seifert (2011), S. 16.
56 Vgl. Hartmann (2012), S. 97.
57 Vgl. Hartmann (2012), S. 98.
58 Vgl. Hartmann (2012), S. 70.
59 Vgl. Seifert (2011), S. 44.

viele Farben verwirrend wirken.[60] In der Praxis werden für Überschriften oft Schwarz oder Rot, für Hervorhebungen die Farbe Rot, für Text meist Schwarz und für Bilder und Grafiken auch weitere Farben wie Grün oder Blau verwendet.[61] Man sollte auf eine einheitliche Benutzung der Farben achten und für vom Sinn her zusammengehörende Elemente stets die gleiche Farbe einsetzen.[62]

Bei der Schriftgestaltung ist auf gute Lesbarkeit zu achten. Die Schriftgröße bei Visualisierungen ist so zu wählen, dass sie auch von Teilnehmern auf den hinteren Plätzen gelesen werden kann. Bei von Hand erstelltem Text ist Druckschrift der Handschrift vorzuziehen. Auch sollten sowohl Groß- als auch Kleinbuchstaben verwendet werden. Bei mit dem Computer erstellten Text sind einfache, serifenlose Schriftarten wie Arial und Helvetica zu wählen, da sie auf einen Blick gut zu erfassen sind. Zudem sollte man sich auf eine Schriftart beschränken. Zur Abwechslung können Hervorhebungen der jeweiligen Schriftart, wie kursiv, fett oder Unterstreichung verwendet werden.[63]

Weiterhin ist auf ein einheitliches Layout zu achten. Ein einmal gewähltes grundlegendes Layout sollte in allen Visualisierungen einer Präsentation unverändert angewendet werden, wie zum Beispiel eine einheitliche Farbzuordnung bei Überschriften oder Hervorhebungen sowie die immer gleiche Positionierung von Grundelementen, wie etwa dem Firmenlogo.

6. Schlussbetrachtung

In der Analyse wurde deutlich, dass vor der Zielformulierung und der Auswahl der Inhalte eine Charakterisierung des Zielpublikums erfolgen muss, um Vorkenntnisse und Erwartungen an die Präsentation zu ermitteln. Das Ziel sollte einen Bezug zu den Teilnehmern aufweisen, um von Anfang an ihre Aufmerksamkeit zu gewinnen. Die Auswahl der Inhalte orientiert sich am zuvor formulierten Ziel, den Vorkenntnissen und Erwartungen der Zuhörer sowie der zur Verfügung stehenden Präsentationszeit.

In einem nächsten Schritt wurde gezeigt, dass für den reibungslosen Ablauf organisatorische Vorbereitungen unerlässlich sind. Dabei sind Entscheidungen zum Austragungsort zu treffen und

---

60 Vgl. Hartmann (2012), S. 70.
61 Vgl. Hartmann (2012), S. 70.
62 Vgl. Seifert (2011), S. 46.
63 Vgl. Hartmann (2012), S. 73.

Anforderungen an den Raum festzulegen. Bei der zeitlichen Planung müssen Zeitpunkt, Dauer sowie Pausen berücksichtigt werden. Präsentationen sollten vorher in Echtzeit geprobt werden, um das Einhalten des Zeitplans sicherzustellen. Weiterhin wurde ersichtlich, dass Teilnehmer-Unterlagen das Verständnis, aber auch das Behalten von Kernaussagen fördern können. Es wurde auch auf den Nutzen von Stichwortmanuskripten hingewiesen, mit denen bei Bedarf benötigte Informationen abgerufen werden können, um Sicherheit beim Auftritt zu erlangen.

Präsentationen sollten einen klaren Aufbau aufweisen, um einerseits über eine Einleitung die Teilnehmer positiv einzustimmen und andererseits im Hauptteil durch eine gelungene Gestaltung von Argumentationsketten die Präsentationsziele besser zu erreichen. Je nachdem, ob es sich um eine Informations- oder Überzeugungspräsentation handelt, stehen verschiedene Aufbauschemata für den Hauptteil zur Verfügung. Im Schlussteil erfolgt eine kurze inhaltliche Zusammenfassung. Falls das Ziel darin bestand, die Teilnehmer zu einem konkreten Denken oder Tun zu veranlassen, so sollte an dieser Stelle ein Appell ausgesprochen werden.

Im Kapitel Medieneinsatz wurden zunächst Ziel und Wirkungen von Visualisierungen beschrieben. Sie eignen sich zur Hervorhebung von Kernaussagen sowie zur leichteren Erfassung von Informationen. Zudem kann die Behaltensquote präsentierter Inhalte durch Visualisierungen gefördert werden. Im nächsten Schritt wurden die Hauptmerkmale und Einsatzgebiete häufig verwendeter Medien beschrieben, um danach allgemeine Empfehlungen für die Gestaltung von Visualisierungen bezüglich des Layouts, des korrekten Farbeinsatzes sowie der Schriftgestaltung auszusprechen.

7. Literaturverzeichnis

Hartmann, Martin; Funk, Rüdiger; Nietmann, Horst: Präsentieren. Präsentationen: zielgerichtet und adressatenorientiert. Weinheim 2012.

Hermann-Ruess, Anita: Speak Limbic! Wirkungsvoll präsentieren – Präsentationen effektiv vorbereiten, überzeugend inszenieren und erfolgreich durchführen. Göttingen 2009.

Hermenau, Alexander: Arbeitstechniken, Selbstmanagement und wissenschaftliche Methoden. Zielsicher präsentieren. Stuttgart o.J..

Lobin, Henning: Die wissenschaftliche Präsentation. Konzept – Visualisierung – Durchführung. Paderborn 2012.

Sander, Peter; Raible-Besten, Robert; Weber, Heinz E.; Brede, Gabi: Präsentieren kompakt. Stuttgart o.J..

Seifert, Josef W.: Visualisieren – Präsentieren – Moderieren. Offenbach 2011.

www.ingramcontent.com/pod-product-compliance
Lightning Source LLC
LaVergne TN
LVHW042321060326
832902LV00010B/1645